AF234100

LA

LOI ALLEMANDE

DU 23 OCTOBRE 1878

CONTRE LES

TENDANCES DÉMOCRATIQUES SOCIALISTES

TRADUCTION ET COMMENTAIRE

PAR

Victor JEANVROT

PROCUREUR DE LA RÉPUBLIQUE A BAUGÉ

(Extrait du *Bulletin de la Société de législation comparée*)

PARIS

A. COTILLON ET Cⁱᵉ, ÉDITEURS, LIBRAIRES DU CONSEIL D'ÉTAT

24, rue Soufflot, 24

1879

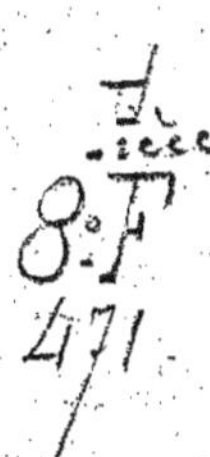

ÉTUDE

LOI ALLEMANDE

DU 23 OCTOBRE 1878

CONTRE LES

TENDANCES DÉMOCRATIQUES SOCIALISTES.

Les doctrines socialistes ont pris, dans ces dernières années, un développement considérable en Allemagne. Ce mouvement a été favorisé, non-seulement par la situation économique du pays, mais encore par le mode d'organisation des sociétés ouvrières particulier à l'Allemagne.

D'après l'ancienne législation des divers États de la Confédération, les communes pouvaient contraindre les ouvriers résidant sur leur territoire à faire partie d'une association de secours mutuels.

La commune étant obligée à fournir des secours aux pauvres, en cas de maladie, toutes les localités où la population ouvrière était considérable facilitèrent et imposèrent même, au besoin, dans l'intérêt du budget municipal, la création de semblables sociétés.

A la faveur de cette législation, et sous le titre d'associations de secours mutuels, un grand nombre de sociétés furent créées par des unions d'ouvriers pour soutenir les grèves ou dans un but de propagande socialiste. Lorsqu'il s'agissait d'une caisse de secours mutuels proprement dite, on n'y admettait même que les ouvriers qui consentaient à faire partie en même temps d'une de ces sociétés. Les groupes nombreux ainsi ralliés et unis finirent par constituer une organisation puissante et redoutable.

La création de l'*Association internationale* des travailleurs contribua à mettre en lumière les dangers d'une semblable organisation.

En effet, le 29 mai 1869, à Berlin, le Congrès de la société géné-

rale des ouviers allemands (*Allgemeiner deutscher Arbeiter Verein*) prenait la résolution suivante :

Art Ier. — La Société accepte le programme et adhère aux tendances de l'Association internationale des travailleurs.

Art. II. — Si la Société ne décide pas encore son entrée formelle dans cette association, c'est seulement parce que les lois régnantes en Allemagne s'y opposent.

Art. III. — Mais quoique son entrée ne puisse pas avoir lieu, la Société s'efforcera toujours d'agir en harmonie avec le principe et les actes de l'Association internationale des travailleurs (1).

Malgré la forme prudente de ce manifeste, il n'en résulte pas moins que les sociétés ouvrières allemandes s'étaient enrôlées sous la bannière de l'Internationale. D'ailleurs, les discours, les écrits et les actes du parti socialiste le prouvèrent ensuite surabondamment.

Les événements de 1870-1871, la lutte entreprise ensuite par le gouvernement contre les congrégations religieuses, permirent aux socialistes de continuer leur propagande sans être inquiétés.

Toutefois, une première mesure destinée à entraver ce mouvement inquiétant pour l'ordre de choses établi fut prise, lors de la discussion de la loi du 7 avril 1876 sur l'organisation des caisses de secours mutuels. Le gouvernement fit insérer dans cette loi un article (6) portant que l'admission dans une caisse de secours enregistrée, ne pourrait être subordonnée à la condition de la participation dans d'autres sociétés ou associations.

Mais cette disposition était impuissante à supprimer les foyers de l'agitation socialiste.

En 1878, l'occasion s'offrit au gouvernement de prendre les mesures énergiques commandées par la situation.

Le 11 mai, une tentative criminelle fut commise contre l'Empereur d'Allemagne (2).

Peu de jours après, un projet de loi contre les menées socialistes fut présenté au Bundesrath.

Ce projet attribuait au Bundesrath le droit d'interdire les publications et de dissoudre les sociétés dans lesquels se manifestaient les tendances de la démocratie socialiste, sauf approbation du Reichstag (art. 1).

La distribution des écrits socialistes pouvait être interdite par

(1) V. *Égalité*, numéro du 8 mai 1869, et l'*Internationale* par Oscar Testut (*Revue des Deux-Mondes*, septembre 1873).

(2) Quelque temps après, un second attentat de même nature fut commis sur la personne de l'Empereur.

la police pour une durée de quatre semaines et par le Bundesrath pour un temps plus long (art. 2).

La police pouvait interdire ou dissoudre toute réunion organisée pour favoriser les tendances socialistes (art. 3).

Les contraventions aux dispositions précédentes rendaient le président et les organisateurs de la réunion, et le propriétaire du local, passibles d'un emprisonnement de trois mois au moins (art. 4 et 5).

La même peine était applicable à ceux qui, par paroles ou par écrit, attaquaient l'ordre social existant (art. 6).

La durée de la loi était limitée à trois ans.

Ce projet fut adopté par le Bundesrath, sauf l'article 6 qui fut rejeté.

La discussion s'ouvrit ensuite au Reichstag par un discours de M. Hoffmann, président de la Chancellerie, qui s'attacha surtout à présenter le projet comme une mesure de préservation sociale.

M. Liebneckt protesta au nom des députés démocrates socialistes et déclara qu'ils s'abstiendraient de prendre part aux débats.

M. de Bennigsen, au nom de la majorité, soutint que la législation existante donnait au gouvernement des armes suffisantes pour réprimer le mouvement socialiste. Il insista surtout sur le danger d'accorder des pouvoirs dictatoriaux qui, en raison de l'instabilité du ministère, pourraient à un moment donné devenir, entre les mains du gouvernement, des instruments de réaction.

Malgré l'intervention de M. de Moltke, le projet présenté par le gouvernement fut repoussé par 251 voix contre 57 (1).

Le gouvernement prit alors le parti de dissoudre la Chambre et de procéder à de nouvelles élections.

Dès que le Reichstag fut réuni, le gouvernement présenta un nouveau projet de loi pour réprimer l'agitation socialiste. La discussion de ce projet donna lieu, au sein du Parlement, à des débats intéressants dont nous croyons utile de tracer une rapide analyse.

I

La discussion s'ouvrit, le 16 septembre 1878, par un discours du Vice-chancelier de l'Empire, qui exposa en peu de mots l'origine et le but de la loi. « Des armes, dit-il, telles que le projet de loi les demande, sont indispensables aux gouvernements fédérés pour

(1) V. *Bulletin de la Société de législation comparée,* juin 1878, p. 458 et suiv.

combattre avec succès les dangers dont le socialisme menace l'État
et la société. »

M. *Reichensperger*, au nom du centre ultramontain, a ensuite
combattu le projet de loi :

1° Parce qu'il soumettrait la nation allemande à l'arbitraire de
la police, en permettant à celle-ci de frapper toutes les tendances
qui poursuivent une modification quelconque de l'ordre de choses
existant et de confisquer entièrement le droit de réunion ;

2° Parce qu'il serait impuissant à supprimer l'agitation socialiste,
et à empêcher de nouveaux attentats. L'orateur cite l'exemple de
la Russie où la police a des pouvoirs beaucoup plus considérables
que ceux que le gouvernement réclame.

Le seul remède contre le socialisme, c'est la propagande chré-
tienne. « Ouvrez-lui toutes les portes, depuis l'Université jusqu'à
l'école la plus infime, le socialisme disparaîtra. »

L'orateur repoussera donc le projet parce qu'il ne veut pas de
lois d'exception. Il reconnaît qu'il convient de combattre le socialisme par les voies légales, mais il suffit pour cela d'améliorer
certaines dispositions du Code pénal, notamment celles qui répri-
ment les attaques au principe de la propriété et de la famille.

M. *de Helldorf*, au nom du parti conservateur, déclare qu'il
votera la loi.

Selon l'orateur, l'article Iᵉʳ définit assez nettement les délits à
atteindre pour ne pas constituer une menace pour les libertés
publiques. Les autorités ne confondront pas avec les tendances
socialistes des tendances humanitaires poursuivant uniquement le
bien-être des classes ouvrières. \

Il n'y a pas lieu de limiter la durée de la loi. Ce serait donner
une prime au socialisme.

M. *Bebel*, député socialiste, soutient que le socialisme n'est pas
responsable des attentats qui sont le prétexte du projet de loi. Le
gouvernement n'a pas fourni les preuves de ses accusations Il
n'a pas publié les protocoles des interrogatoires auxquels ont été
soumis Hœdel et Nobiling.

D'ailleurs lui-même a favorisé et soutenu, il n'y a pas fort long-
temps, le socialisme qu'il poursuit aujourd'hui.

En 1862, un sieur Eichler, se disant envoyé par le prince de
Bismarck, offrit au comité socialiste de Leipzig de le soutenir maté-
riellement, au moyen des fonds de l'État, si les socialistes consentaient à combattre les progressistes. Il offrit même 60 à 80,000 florins pour fonder une société de production. L'offre fut repoussée.
M. Eichler est entré peu de temps après dans la police de Berlin.

Lorsque Lassalle parut avec son projet de sociétés de production, M. de Bismarck lui écrivit, et, pendant l'hiver de 1863-1864, eut avec lui jusqu'à 3 ou 4 conférences par semaine. Les entretiens portaient sur l'établissement du suffrage universel et la création de sociétés de production avec les fonds de l'État.

En 1866, une députation d'ouvriers s'étant présentée au roi de Prusse pour lui demander de résoudre la question ouvrière par la voie législative, M. de Bismarck offrit de venir à leur aide, par la création d'associations. L'ouvrier Paul ayant répondu qu'il fallait pour cela au moins 4 à 6,000 florins, M. de Bismarck, s'écria : « Mais ce n'est rien cela, vous les aurez. Du reste, vous pourriez être mon rapporteur, voyager aux frais de l'État et me faire des rapports sur la situation des ouvriers, car mes conseillers intimes n'y entendent rien » (grande hilarité).

Des ouvertures semblables furent faites à notre ami Fritsche, alors qu'il était président de l'Association générale des ouvriers allemands. Il fut invité à faire demander dans les assemblées : que la solution socialiste fût adoptée; que l'Allemagne fût unifiée sous la direction de la Prusse et du prince de Bismarck; et à envoyer des rapports, et les comptes rendus des journaux sur ces assemblées.

Des faits semblables se produisirent sous la direction de M. Schweitzer. En 1866, il était en prison. Il fut relâché à condition qu'il ferait un voyage de propagande en faveur du mot d'ordre : Par l'unité la liberté.

Les choses se passèrent ainsi jusqu'en 1871, et dans les dernières semaines encore, on nous a dit qu'on nous accorderait toutes nos demandes relatives à la protection du travail si nous renoncions à présenter un candidat dans la deuxième circonscription de Berlin.

Il n'est pas jusqu'à M. Bucher, le secrétaire actuel de M. Bismarck, qui n'ait entretenu des relations d'affaires avec les socialistes.

En 1864, M. Liebknecht, le député socialiste, entra comme rédacteur à la *Gazette de l'Allemagne du Nord,* qu'il croyait être un journal indépendant. Dès qu'il vit que le journal appartenait au gouvernement, il offrit sa démission. Mais on lui dit : « Cela ne fait rien, restez; vous pouvez prêcher parfaitement dans la *Gazette* le communisme radical ».

L'orateur cite ces faits pour mettre la conduite du gouvernement sous son vrai jour. Il est convaincu d'ailleurs que, même après le vote de la loi, le gouvernement entamera de nouveau des négociations avec les socialistes aussitôt que leur alliance pourra lui être utile.

Passant ensuite à la critique de la loi, l'orateur dit que son exécution porterait atteinte à la propriété privée. La loi rendrait impossible tout progrès, toute étude scientifique des questions politiques et sociales. Elle aurait pour effet de jeter sur le pavé des milliers d'ouvriers typographes employés dans les imprimeries socialistes.

Les socialistes ne sont pas des révolutionnaires. Ils ont un idéal élevé et veulent le réaliser par des moyens pratiques. Le projet au contraire, en mettant toute une classe hors la loi, provoquera la révolution.

Le Ministre de l'intérieur répond que l'autorité judiciaire avait seule qualité pour ordonner la publication des résultats de l'information relative à Hœdel et à Nobiling. Il ajoute que la presse socialiste, si elle n'a pas excité au crime politique, l'a du moins excusé, et a formellement approuvé des attentats qui ont été commis en Russie. Certains socialistes peuvent ne pas vouloir de révolution, mais le but général poursuivi par le mouvement est tel, qu'il mène infailliblement à la révolution. A l'appui de ces paroles le Ministre cite divers passages extraits de Karl Max.

En ce qui concerne les relations que le gouvernement et M. de Bismarck en particulier auraient entretenues avec les socialistes, le ministre déclare qu'il ne sait personnellement rien de ces faits. Il ajoute qu'il est naturel, lorsqu'un mouvement aussi important que le socialisme se produit, que le gouvernement tâche d'apprendre de la bouche même des chefs de ce parti quelles sont leurs vues (rires à gauche).

Le Ministre termine en disant que le mouvement inauguré par Lassalle était beaucoup moins dangereux que le mouvement actuel dirigé par l'Internationale.

M. *Bamberger*, au nom d'une fraction du parti national-libéral, reconnaît que le socialisme constitue un danger pour la société allemande, et ajoute même que, selon lui, il ne reste plus d'autre alternative à l'empire allemand que de périr ou de vaincre la nouvelle doctrine. Mais il est difficile de définir nettement les mesures qui écarteraient le danger venant des nouvelles doctrines, sans compromettre en même temps toutes les libertés.

L'orateur insiste notamment sur la nécessité de bien définir les délits. Ainsi, dans l'article Ier, l'article principal de la loi, on doit bien établir que ce que l'on veut réprimer, c'est surtout l'excitation d'une partie des citoyens à la haine contre l'autre partie, en lui

faisant accroire que la seconde vit aux dépens de la première. C'est
là, en effet, le signe auquel ont reconnaît les mauvaises doctrines
et la propagande dangereuse.

L'orateur voudrait encore que, dans tous les cas, la police fût
tenue de justifier les mesures prises par elle, par un exposé des
motifs.

Dans la séance du 17 septembre, M. *Hœnel*, progressiste, a rappelé que, lors de la discussion du premier projet, les orateurs des
partis libéraux ont dit qu'ils refuseraient de voter une loi d'exception tant que les lois ordinaires leur paraîtraient suffisantes pour
réprimer le mal qu'on veut combattre. Y a-t-il lieu de changer
d'avis ? Le gouvernement a-t-il tenté depuis de prouver que les lois
existantes, même en y apportant des modifications, sont une arme
insuffisante ? Nullement. Suffit-il pour faire cette démonstration
d'invoquer l'attentat nouveau commis par Nobiling après le rejet
du premier projet ? Mais si tous les moyens de culture dont dis-
pose la nation, les moyens moraux, religieux, scientifiques, n'ont
pas suffi pour empêcher un crime tel que celui de Nobiling, croit-on
qu'une simple loi ait une telle puissance ?

Le projet de loi est une œuvre de parti, faite par un parti contre
un autre, c'est pour cela que les progressistes ne peuvent le voter.
Cette loi est injuste ; elle traque les socialistes sous prétexte qu'ils
minent les fondements de l'État et de la société ; mais il y a d'autres
partis encore, par exemple, les particularistes, les ultramontains,
qui minent les bases de l'État, et on ne les met pas sous le coup
d'une loi d'exception.

La loi est encore pis qu'une loi de parti, c'est une loi de ten-
dance. Elle sape les éléments constitutifs de la liberté de conscience
politique et religieuse. Tout examen des doctrines reçues sera
désormais impossible. L'effet de la loi sera de paralyser la véritable
guerre au socialisme, c'est-à-dire la discussion, la polémique.
Comment pourrait-on encore décemment attaquer avec la plume
un parti mis hors la loi et incapable de se défendre ?

Il serait plus utile de rechercher les causes qui ont engendré la
situation d'où sont sortis les excès du socialisme. Les dernières
guerres faites par les Allemands ont surexcité dans la nation
l'égoïsme, le désir de la jouissance, le goût de la richesse, l'envie
et toutes les mauvaises passions. Pourquoi frapper seulement les
socialistes, quand la nation entière a péché ? Que l'on combatte les
délits de droit commun sur le terrain du droit commun, et les progressistes ne refuseront pas leur concours.

Le prince de Bismarck monte à la tribune.

Il n'avait pas, dit-il, l'intention de prendre part aux débats de la première lecture, mais M. Bebel, et les faits avancés antérieurement par le député Richter, l'obligent à parler pour détruire une légende qui sans cela deviendrait de l'histoire.

Lors de la discussion du premier projet, M. Richter a, le premier, reproché au Chancelier d'avoir eu des rapports avec les socialistes, et d'être, en conséquence, responsable jusqu'à un çertain point du développement que le mouvement prend actuellement. M. Richter n'a pas fait une distinction nécessaire entre les efforts honnêtes tendant à l'amélioration du sort des ouvriers et le socialisme proprement dit. Le chancelier fera de nouveau ces efforts dès que les circonstances et ses travaux le lui permettront.

En ce qui concerne les faits avancés par M. Bebel, l'orateur déclare que celui-ci a eu le tort de croire et de rapporter ce qu'on lui a raconté.

Il a dit que M. Eichler a été chargé, en septembre 1862, par le gouvernement prussien, et en particulier par moi, de se mettre en rapport avec le comité des ouvriers. Or, je ne suis entré en fonctions que le 23 septembre de cette année; je revenais de l'étranger, je ne connaissais pas M. Eichler. M. Bebel a été trompé par un mensonge, et il aurait dû le vérifier avant de s'en faire l'écho.

Je me rappelle bien Eichler; car plus tard cet homme m'a fait des réclamations pour des services qu'il ne m'a pas rendus (cris : ah ! ah ! voilà.) Il est vrai qu'il a fait des rapports de police dont quelques-uns m'ont été soumis; mais ce n'est pas là mon département spécial, et ces rapports ne concernaient pas le socialisme.

Je ne compte pas Lassalle parmi les socialistes. C'était un homme distingué et considérable, et il m'était bien permis de conférer avec lui. Mais je n'ai pas négocié avec les socialistes. Où aurais-je pris les 60 ou 80,000 florins, puisque nous n'avons pas de fonds secrets ? Lassalle avait exprimé lui-même le désir de me connaître, et je n'ai pas fait difficulté de me rendre à son désir. Je ne l'ai vu que trois fois, quatre fois peut-être. Mais nos relations n'avaient pas le caractère de négociations politiques.

Il est inexact que nous nous soyons brouillés. Je regrette que sa situation politique et la mienne ne m'aient pas permis de le fréquenter davantage, et je serais heureux de trouver un homme aussi bien doué, aussi spirituel que lui. Si je me suis entretenu avec lui, c'est qu'il est de mon devoir de ministre de me rendre compte des éléments auxquels j'ai affaire, et si M. Bebel voulait s'entretenir avec moi, le soir, je ne l'éviterais pas.

M. Bebel a dit que j'ai négocié avec Lasalle au sujet du suffrage universel. Je n'ai jamais eu la pensée monstrueuse d'octroyer au pays le suffrage universel. Je n'ai accepté le suffrage universel qu'avec une certaine répugnance. Il est douteux que j'aie eu, à l'époque dont on parle, la conviction qu'il pût être efficace; mais je me rappelle avoir parlé du suffrage universel avec Lassalle. Quant aux sociétés de production, on ne m'a pas encore convaincu qu'elles ne sont pas utiles et que l'État ne doit pas les soutenir de ses fonds. En 1862 déjà, il me semblait que les sociétés de production sont un bon moyen d'améliorer le sort de l'ouvrier, et, pour le dire d'un mot, de lui donner une part du bénéfice de l'entrepreneur.

On a cité des paroles que j'aurais échangées à ce propos avec l'ouvrier Paul. Je ne me rappelle plus ce que je lui ai dit, mais il n'est pas possible que j'aie dit que 6 à 8,000 florins n'étaient qu'une bagatelle. Si on a le droit de me faire un reproche, ce n'est pas d'avoir essayé de résoudre la question sociale en ce qui concerne les ouvriers, c'est de n'avoir pas continué ces essais. Du reste, ces tentatives n'ont pas été faites aux frais de l'État, mais aux frais particuliers de sa majesté.

On a dit que M. Fritsche a été chargé de me faire des rapports; c'est encore un mensonge qu'on a fait accroire à M. Bebel. Peut être est-ce M. Fritsche lui-même qui l'a trompé. Je ne sais pas qui est M. Fritsche (cris : il est député !). Alors, je demande pardon, il n'est pas possible qu'un député se rende coupable d'un pareil fait.

Je viens à la question de savoir pourquoi j'ai renoncé à me rendre compte des efforts que l'on peut tenter avec succès et pourquoi ma position devant le socialisme s'est modifiée. Cela est arrivé le jour où le député Liebknecht ou Bebel a déclaré en plein Reichstag que la Commune française et ses institutions étaient un modèle de sagesse politique, et s'est déclaré ouvertement, devant la nation, partisan de ces assassins et de ces incendiaires. Cela a été pour moi un trait de lumière, et dès ce moment j'ai vu et j'ai combattu dans ce parti un ennemi contre lequel l'État et la société doivent se mettre en état de défense. Vous connaissez les tentatives législatives que j'ai faites dans ce sens. Elles ont échoué; mais je ne crois pas qu'elles soient destinées à rester tout à fait sans résultat.

Nous n'avons pas besoin d'employer en Allemagne les moyens terribles qu'on a employés en France. Si la France n'est plus l'avant-garde du socialisme, si le socialisme y occupe une situation dont le gouvernement et la société peuvent s'accomoder, comment y a-t-on réussi? Par la persuasion? Non; par une répression violente,

par des moyens que je ne recommande pas d'imiter et que nous ne
serons pas forcés d'employer, je l'espère du moins. Pour tous ces
excès, pour cet empoisonnement de l'opinion publique, l'Angleterre
a des peines plus sévères que celles du projet de loi. Quiconque est
arrêté pour un de ces délits est puni d'au moins un mois d'emprisonnement, et les prisons anglaises sont bien autre chose que les nôtres.
Est-ce que l'appel à la violence adressé au peuple devant le Reichstag
par M. Bebel ou M. Liebnecht a été un simple mouvement oratoire?
Je me souviens d'un article où l'assassinat du général Mézentzof était
représenté comme une juste exécution; on désirait l'application du
même système à l'Allemagne, et on concluait par ces mots : *Discite
moniti!*

Si nous devons vivre ainsi sous la tyrannie d'une société de ban-
dits, notre existence perd tout son prix. J'espère donc que le
Reichstag appuiera le gouvernement et l'empereur qui demande
appui pour sa personne, pour ses sujets prussiens et ses concitoyens
allemands. A cette occasion, il y aura peut-être encore quelques
victimes parmi nous, mais ceux que le sort atteindra tomberont
sur le champ d'honneur, pour le plus grand bien de la patrie.

Après ce discours, M. *de Kleist-Retzow*, conservateur, a répondu
au discours de M. Hœnel.

L'orateur a fait remarquer que le mouvement socialiste tend à
l'abolition de la propriété et du mariage, et à renverser toutes les
autorités vénérables, à commencer par celle de Dieu, pour les rem-
placer par l'autorité despotique de l'État.

Il montre le socialisme substituant à l'autorité divine et aux lois
éternelles des calculs humains sujets à l'erreur. L'attitude des socialistes vis-à-vis de l'autorité traditionnelle les conduit forcément
à être les ennemis du roi, de l'empereur, de la monarchie, et à l'assassinat des rois.

Le socialisme n'est qu'une école de haute trahison. La loi est la
plus douce qu'on pût faire. De même que l'on applique des correc-
tions corporelles aux enfants coupables, de même il faut écraser
par la force matérielle l'agitation socialiste, source de l'immoralité
générale.

La deuxième lecture du projet de loi a commencé le 9 octobre.

Dans cette séance, M. *Sonnemann* a combattu la loi comme étant
une loi d'exception. Suivant l'orateur, la presse n'exerce pas la
grande influence qu'on lui attribue, et il est inutile de la soumettre
à un régime exceptionnel.

Le gouvernement a cherché à établir entre l'attentat de Nobiling et le socialisme des **rapports** qui ne sont pas prouvés. Le *Tagblatt* de Berlin a publié des extraits des interrogatoires auxquels a été soumis Nobiling. Celui qui a rédigé ces extraits n'a pas eu grand souci de la vérité, car il a, dans un intérêt de parti, choisi tout ce qui pouvait faire croire à des relations de Nobiling avec les socialistes. On dit du reste que ces extraits ont été offerts pour 100 florins à diverses autres feuilles qui les ont refusés parce qu'elles ont reconnu qu'ils étaient faits dans un intérêt de parti. Par qui cette somme a-t-elle été offerte? Je ne le sais pas.

Dans les autres pays, on n'a pas recours à des lois d'exception. En Angleterre, il y a une presse qui prêche toute espèce de révolution, sans que personne s'en préoccupe. En Amérique, on regarde comme un axiome politique que l'action des journaux diminue en proportion de leur nombre. Si la loi est votée, on n'aura jamais en Allemagne de presse capable de rendre les services que rend la presse à l'étranger, où un journal a récemment contribué considérablement au rétablissement de la paix.

Le *prince de Bismarck* répond aux insinuations dirigées par M. Sonnemann contre le *Tagblatt* que les gouvernements confédérés et le gouvernement prussien en particulier sont tout à fait étrangers à cette publication.

Le préopinant a cité comme exemple la presse étrangère, anglaise, américaine et française. J'ai lu, moi aussi, ce que la presse française a dit de notre projet de loi, et j'ai trouvé, notamment dans les feuilles qui ne désirent pas que l'Allemagne devienne plus forte, la même critique que celle que le préopinant vient de faire. Il a cité la France comme un modèle à suivre pour la façon régulière et modérée dont un gouvernement doit traiter ses ennemis, et il a dit que les communards n'ont jamais été enlevés aux jurys. M. Sonnemann n'ignore pourtant pas que tous les communards ont été jugés par des conseils de guerre et qu'ils ont été fusillés ou déportés au pied levé, avec ce manque de scrupules dont aucune autre nation que la France n'est en état de faire preuve. Par là, les Français se sont guéris pour un temps de cette maladie et l'Allemagne y a gagné de devenir le champ clos des agitations avec lesquelles la France en a fini. Le préopinant ignore-t-il donc toutes ces choses? Comment peut-il, en présence de ces faits, alors que la plaine de Grenelle n'a pas cessé de fumer du sang des fusillés, comment peut-il dire à cette Assemblée éclairée, que les condamnés n'ont jamais été enlevés en France au jury?

L'étranger, cela est clair, désire que nous soyons faibles, non pas par mauvaise volonté, mais par crainte que nous ne devenions trop puissants, et tous ceux qui désirent affaiblir nos institutions travaillent très certainement, quoique sans le vouloir et sans mauvaise intention, dans le même but que l'étranger.

L'orateur déclare qu'il est favorable à tout ce qui peut améliorer la situation des ouvriers; il admet même qu'ils forment des associations, pourvu que ces associations tendent au but pour lequel elles sont fondées. Mais il n'admet pas celles qui travaillent à ruiner l'État, la société et la propriété. Il examinerait volontiers toute proposition émanant de la démocratie socialiste et ayant en vue l'amélioration du sort des ouvriers. Mais on n'a en face de soi que la pure négation, et la destruction systématique. Pour remédier aux imperfections politiques et sociales, la démocratie socialiste ne présente aucune motion positive.

Après la Commune les apôtres de la négation ont cherché et trouvé en Allemagne un terrain favorable. Par des moyens habiles on réussit facilement à agir sur les instincts mauvais des masses. La loi sur la presse et la douceur de la loi pénale ont contribué également au développement de ces doctrines. Personne ne croyait plus à l'exécution d'une condamnation à la peine de mort. Le Chancelier dit qu'il est reconnaissant envers le Prince Impérial de n'avoir pas fait passer la grâce avant le droit. Il voit dans l'action des associations socialistes une des causes de la déplorable situation économique de l'Empire.

Malgré ce danger plusieurs fractions du Reichstag, notamment le parti progressiste et le centre, repoussent le concours du gouvernement. Le Chancelier prie les autres fractions de se mettre d'accord. Il a dissous le Reichstag pour amener une entente entre les électeurs et les députés. Il attend des deux partis conservateurs et des libéraux nationaux qu'ils fassent passer la loi. Il faut, dit-il en terminant, qu'en nous donnant la loi, ils aient confiance en nous. La confiance ne se commande pas, mais se mérite. Le but que je poursuis va plus loin que cette loi : je voudrais que les trois partis qui peuvent nous procurer la loi se tendissent la main sur toutes les questions, afin de constituer un solide rempart contre tous les orages auxquels l'Empire allemand est exposé.

La séance du 11 octobre s'ouvre par un discours du député socialiste *Hasselmann*.

L'orateur fait l'apologie du socialisme. La démocratie socialiste, dit-il, relèvera le gant, si à la lutte légale succède la violence. Vous condamnez des doctrines que vous ne connaissez pas. Le Chancelier lui-même fait du socialisme. Il a reconnu qu'il y avait

de la raison dans la Commune de Paris. Malgré le vote de la loi
le socialisme continuera de se développer. Il se recrutera de
plus en plus d'ouvriers affamés, de petits employés, de soldats
hors de service, d'invalides que la société foule aux pieds, tandis
qu'elle comble de dotations les généraux. Après la guerre, le
prince de Bismarck est devenu grand propriétaire, mais l'exécu-
teur a repris au pauvre réserviste son supplément de solde.

La société existante, c'est l'exploitation de l'homme par l'homme.
Le travailleur doit jouir du produit de son travail. L'association productive, la mise en commun des produits et des instruments de production, voilà le remède pour l'industrie et l'agricul-
ture.

Nous repoussons vos améliorations humanitaires, vos caisses
de secours, qui ne sont qu'un moyen de corrompre les travailleurs. Nous ne ferons pas appel à l'insurrection, mais si on aiguise
contre nous sabres et baïonnettes, nous sommes prêts à nous défendre et à verser notre sang pour la défense de nos droits.

L'orateur est rappelé à l'ordre. — Il termine par ces mots :
« J'avertis encore une fois le prince de Bismarck qu'il se souvienne
du 18 mars 1848 ! »

(Vive agitation. — Marques nombreuses d'indignation.)

M. Loëwe-Calbe, député progressiste, soutient le projet dans
l'intérêt des travailleurs sérieux que les agitateurs de profession
égarent, aigrissent et exploitent, et dans l'intérêt des patrons dont
les agitateurs entravent les entreprises en tournant la tête à leurs
ouvriers. Ce ne sont pas tant les théories plus ou moins absurdes
du socialisme que cette agitation toute de négation, de mépris, de
haine et de menaces que la loi a pour but de combattre.

M. de Bennigsen, député national libéral, dit que si ses amis et
lui se décident à voter un projet qu'ils avaient repoussé une première
fois, c'est qu'un nouvel attentat s'est produit dans l'intervalle et a
fait apparaître sous un jour plus effrayant le danger qu'il s'agit de
combattre.

L'orateur dit qu'en votant la loi il attache une grande importance
à n'entraver ni sur le terrain scientifique, ni sur le terrain pratique,
les recherches et les efforts faits pour améliorer la situation économique des diverses classes de la société. Il tient à proclamer haute-
ment la nécessité de ces efforts. Mais il estime qu'il faut arrêter les
entreprises des socialistes, qui ne tendent pas à l'amélioration,
mais au renversement de ce qui existe. Les programmes que les
socialistes avouent ne contiennent pas toujours le fond de leur
pensée. Avant que cette pensée ait amené des catastrophes irré-

parables, il faut laisser séparer les égarés de ceux qui les égarent, opposer une digue à l'extension du mal, et chercher ensuite à le guérir.

L'orateur remercie le chancelier d'avoir déclaré solennellement que la dissolution du Reichstag et le projet de loi n'avaient pas pour but d'inaugurer une politique réactionnaire. Il n'est pas possible que le chancelier essaye de maintenir ce qu'il a créé, précisément avec les éléments qui ont combattu dans l'Église et dans l'État cette création, avant même qu'elle existât, et qui n'ont pas cessé de la combattre depuis.

Le chancelier a adressé un appel patriotique aux éléments libéraux et conservateurs qui veulent travailler de concert avec lui sur le terrain législatif. L'orateur espère que cet appel sera entendu.

Après ce discours la discussion générale est close.

On passe ensuite à la discussion et au vote des articles.

L'ensemble du projet est adopté par 221 voix contre 149. .

La loi a été promulguée le 23 octobre 1878.

II

Avant de donner le texte de la loi, on nous permettra de tracer un aperçu de la législation pénale en matière politique antérieure à sa promulgation.

Les crimes et délits pouvant présenter un caractère politique sont visés dans le Code pénal et dans la loi sur la presse.

Voici d'abord les dispositions contenues dans le Code pénal (1) :

Art. 80. — L'assassinat ou la tentative d'assassinat commis sur la personne de l'Empereur ou d'un souverain de la Confédération sont punis de mort.

Art. 81. — Tout acte duquel résulte la résolution de commettre le crime prévu par l'article précédent est puni de la réclusion ou de la détention à perpétuité.

Art. 82. — Le crime de haute trahison est réputé consommé dès qu'il existe un acte destiné à mettre immédiatement à exécution la résolution criminelle.

Art. 85. — Celui qui, publiquement, par distribution, affichage ou exposition d'écrits ou d'autres reproductions, aura provoqué l'exécution d'un acte prévu par l'article 82, sera puni de la réclusion ou de la détention pendant dix ans au plus.

(1) Ce Code a été promulgué le 31 mai 1870 pour la Confédération du Nord, et étendu en 1871 à toute l'Allemagne. — Auparavant les vingt-deux États de la Confédération étaient régis, en cette matière, par huit législations différentes.

En cas de circonstances atténuantes, la peine sera la détention de un à cinq ans.

Art. 94. — Les voies de fait contre l'Empereur ou le souverain d'un État de la Confédération, seront punies de la réclusion ou de la détention à perpétuité ou pendant cinq ans au moins.

Art. 95. — Les offenses envers les mêmes personnes seront punies d'un emprisonnement de deux mois au moins ou d'une détention de cinq ans au plus.

Art. 96. — Les voies de fait envers les membres de la famille d'un souverain seront punies de la réclusion ou de la détention pendant cinq ans au plus.

Art. 97. — Les offenses envers les mêmes personnes seront punies d'un emprisonnement ou d'une détention de un à trois ans.

Art. 126. — Quiconque, par la menace d'un crime dangereux pour la société, aura troublé la paix publique, sera puni d'un emprisonnement d'un an au plus.

Art. 128. — La participation à une association dont l'existence, l'organisation ou le but doivent rester secrets, ou dont les membres s'engagent à obéir aveuglément à des chefs connus, emportera, à l'égard des membres de l'association, la peine de l'emprisonnement pendant six mois au plus, et à l'égard des organisateurs et des chefs, un emprisonnement d'un mois à un an.

Art. 129. — La participation à une association dont l'un des buts ou l'une des occupations est d'empêcher ou de paralyser par des moyens illégaux les mesures prises par l'administration, ou l'exécution de la loi, sera punie, à l'égard des membres de l'association, d'un emprisonnement d'un an au plus, et à l'égard des organisateurs et des chefs, d'un emprisonnement de trois mois à deux ans.

Art. 130. — Celui qui porte atteinte à la paix publique en excitant publiquement à des violences les diverses classes de la société les unes contre les autres, sera puni d'une amende de 200 thalers au plus ou d'un emprisonnement de deux ans au plus.

Art. 131. — Celui qui, dans le but d'exposer au mépris les institutions de l'État ou les ordonnances de l'autorité, affirme ou propage publiquement des faits faux ou dénaturés, sachant qu'ils sont faux ou dénaturés, sera puni d'une amende de 200 thalers au plus ou d'un emprisonnement de deux ans au plus.

La loi sur la presse, du 7 mai 1874, contient les dispositions suivantes :

Art. 20. — La responsabilité pour les actes dont le caractère délictueux repose sur le contenu d'un imprimé, se détermine d'après les lois pénales ordinaires.

Art. 21. — Si du contenu d'un imprimé résulte l'existence d'un acte délictueux, le rédacteur responsable, l'éditeur, l'imprimeur, le colporteur et le propagateur, quand ils ne doivent pas être punis comme auteurs ou complices en vertu de l'article 20, sont passibles, à raison de leur négligence, d'une amende de 1,000 marks au plus, ou d'un emprisonnement ou d'une détention d'un an au plus.

Art. 23. — La saisie a lieu, si d'un imprimé résulte un des actes visés par les articles 85 ou 130 du Code pénal.

Tel était, dans ses principales dispositions, l'état de la législation pénale, en matière politique, avant la loi du 23 octobre 1878.

Cette loi vise les associations, réunions, publications, souscriptions ayant pour objet de favoriser les menées socialistes qui tendent au renversement de l'ordre politique ou social existant.

Les associations peuvent être interdites, ou placées sous la surveillance de l'autorité, qui en prend alors la direction,

Les réunions peuvent être interdites ou dissoutes.

Les publications peuvent être interdites. L'interdiction entraîne la saisie des écrits.

La police peut saisir les écrits avant que l'interdiction en soit prononcée; mais la saisie, en ce cas, doit être ratifiée dans la huitaine, par l'autorité compétente.

Le Chancelier seul, peut interdire les associations et les publications étrangères.

Les souscriptions peuvent être interdites.

Les ordonnances d'interdiction doivent être motivées.

En cas d'interdiction ou de mise en surveillance d'une association, ou de saisie d'imprimés, les intéressés peuvent se pourvoir contre la décision.

L'examen du pourvoi est déféré à une commission spéciale composée de neuf membres.

Les infractions sont punies d'emprisonnement, d'amendes ou d'autres peines, de la manière suivante :

Pour les membres d'associations ou de réunions interdites : trois mois au plus et 500 marks au plus;

Pour les organisateurs, les membres du bureau, les propriétaires du local : un mois à un an;

Si les contrevenants sont de bonne foi, la peine est : l'emprisonnement ou 150 marks;

Les contrevenants d'habitude, ayant moins de six mois de résidence, peuvent être contraints de quitter le lieu de leur résidence; il peut leur être interdit de résider dans certains lieux déterminés; si les contrevenants sont étrangers, ils peuvent être expulsés;

Les infractions à l'une de ces mesures sont punies de un mois à un an;

Si les contrevenants d'habitude sont hôteliers, cabaretiers, imprimeurs, libraires, ou propriétaires de cabinets de lecture, l'exercice de leur profession peut leur être interdit; les infractions à cette mesure sont punies de un mois à un an; en cas de bonne foi, de six mois au plus ou de 1,000 marks.

Pour les distributeurs d'écrits interdits, la peine est de six mois au plus ou de 1,000 marks au plus;

Pour les promoteurs de souscriptions interdites, la peine est de trois mois au plus ou de 500 marks au plus;

Si les contrevenants sont de bonne foi, la peine est l'emprisonnement ou 150 marks au plus;

Si la sûreté publique est compromise, les autorités de chacun des États confédérés peuvent prendre des mesures spéciales pour interdire : 1° toute réunion non autorisée; 2° toute distribution d'écrits sur la voie publique; 3° le port et la détention d'armes; 4° le séjour dans un lieu déterminé à certaines personnes.

Les infractions sont punies de six mois au plus ou de 1,000 marks au plus.

Enfin, la durée de la loi est limitée au 31 mars 1881.

Nous ne croyons pas nécessaire d'examiner en détail les nombreux amendements qui ont été proposés au cours des débats, ni d'analyser les discussions qui ont eu lieu au sein de la Commission. Nous nous bornons à faire quelques observations sur les modifications apportées aux principaux articles de la loi. L'article premier du projet du gouvernement fut vivement critiqué au sein de la Commission.

Les libéraux, trouvant que les termes du projet étaient trop vagues et pouvaient permettre, en certains cas, d'entraver même les discussions scientifiques, firent substituer, dans le § 1er, aux expressions : « tendant à *miner* l'ordre politique ou social existant », celles-ci : « tendant à *renverser* l'ordre politique ou social existant ».

D'autre part, les conservateurs firent adopter un amendement qui ajoutait, dans le § 2 du même article, après les mots : « L'interdiction s'applique aux sociétés dans lequel se manifestent d'une manière dangereuse pour la paix publique », ceux-ci : « et en particulier pour l'union des diverses classes de la population, des tendances, etc. »

Sur l'article 26, relatif à la composition de la Commission d'appel, plusieurs amendements furent proposés.

M. de Kardorff demanda que les fonctions de tribunal d'appel fussent confiées à la Commission du Conseil fédéral, chargée des affaires d'indigénat. Cette Commission se compose d'un président et de quatre membres nommés à vie, sur la proposition du Conseil fédéral. La moitié au moins des membres ont la qualité de juges supérieurs.

MM. Helldorf et Schmit étaient d'avis d'établir un tribunal d'appel spécial, nommé par le Conseil fédéral, et composé de membres ayant tous la qualité de juges. Ils proposaient, dans ce but, un amendement ainsi conçu : « Le Conseil fédéral nomme, pour connaître des plaintes à lui adressées, une Commission composée de sept membres, capable de remplir les fonctions de juges. »

D'après la rédaction définitivement adoptée, la Commission d'appel se compose de dix membres dont un, le président, est nommé par l'empereur, et les neuf autres par le Conseil fédéral. Quatre membres sont choisis au sein du Conseil fédéral, et cinq parmi les membres des plus hauts tribunaux de l'empire.

Enfin, l'article 30, qui limite la durée de la loi, donna aussi lieu à de vives discussions. Le gouvernement désirait que la loi eût une durée indéfinie. Divers amendements proposèrent différents termes. Les diverses fractions de la majorité finirent par s'accorder sur le terme de deux ans et demi, qui fut définitivement adopté.

Il ne nous reste plus maintenant qu'à donner le texte de la loi.

III

LOI DU 21 OCTOBRE 1878 CONTRE LES ASPIRATIONS DÉMOCRATIQUES
SOCIALISTES PRÉSENTANT UN DANGER GÉNÉRAL (1).

Art. 1er. — Les sociétés dont les aspirations démocratiques et sociales, socialistes ou communistes, ont pour objet de renverser l'ordre politique ou social existant, sont interdites.

La même interdiction s'applique aux sociétés dans lesquelles se manifestent d'une manière dangereuse pour la paix publique, et en particulier pour l'union des diverses classes de la population, des

(1) *Gesetz gegen die gemeingefährlichen Bestrebungen der Sozial-Demorratie* (*Reichsgesetzblatt*, n° 34). Le mot allemand *Bestrebungen* n'a pas en français d'équivalent bien exact. Les termes de menées ou de manœuvres en restreindraient trop la portée ; ceux de visées, de tendances, d'aspirations ont au contraire l'inconvénient de donner un sens un peu trop large.

aspirations démocratiques et sociales, socialistes ou communistes, ayant pour objet de renverser l'ordre politique ou social existant. Les associations de quelque nature qu'elles soient sont assimilées aux sociétés.

Art. 2. — L'article 35 de la loi du 4 juillet 1868 (1) sur les droits particuliers des associations d'acquisition et de consommation est applicable aux associations interdites en vertu du § 2 de l'article 1er.

L'article 29 de la loi du 7 avril 1876 (2) sur les associations de secours enregistrées est applicable, dans le même cas, à ces associations.

Art. 3. — Les sociétés de secours mutuels indépendantes et non enregistrées ne peuvent être interdites, mais seulement placées sous la surveillance spéciale de l'État.

Si la société fait partie d'un groupe de sociétés réunies, sa séparation d'avec le groupe et sa mise en surveillance peuvent être ordonnées.

Si les aspirations prévues par le § 2 de l'article 1er se manifestent seulement dans une des sections de la société, la mise en surveillance n'aura lieu que pour cette section.

Art. 4. — L'autorité chargée de la surveillance peut :

1° Assister à toutes les séances et à toutes les réunions de la société;

2° Convoquer et présider les assemblées générales;

3° Prendre connaissance des livres, des papiers et de l'état de la caisse, et exiger des renseignements sur la situation de la société;

4° Interdire l'exécution de résolutions de nature à favoriser les tendances prévues par le § 2 de l'article 1er;

5° Désigner les membres du bureau et les personnes chargées de la direction de la société;

6° Prendre la garde et l'administration de la caisse.

Art. 5. — Si l'assemblée générale, le bureau ou les personnes chargées de la direction de la société contreviennent aux ordres donnés par l'autorité, ou si les aspirations prévues par le § 2 de l'article 1er se manifestent même après la mise en surveillance, la société peut être supprimée.

(1) Il s'agit de la loi concernant les associations coopératives (*Genossenschaften*). — Le gouvernement a promis au *Reichstag* (séance du 16 avril 1877) de préparer prochainement une refonte générale de l'ensemble des lois sur les sociétés.

(2) Cette loi a pour but de réglementer l'assurance mutuelle des ouvriers en cas de maladie. L'article 29 prévoit le cas où la dissolution de la caisse est prononcée d'office par l'autorité (v. l'*Annuaire* de 1877, p. 159 et suiv.).

Art. 6. — Le droit d'interdiction et de mise en surveillance appartient aux autorités de police. Le chancelier seul peut interdire des sociétés étrangères. Dans tous les cas où le chancelier prononce l'interdiction d'une société, cette interdiction doit être rendue publique. Si l'interdiction est prononcée par les autorités de police, la décision doit être publiée par le journal de la localité ou du district désigné pour l'insertion des publications officielles. L'interdiction s'étend à tout le territoire de l'Empire et à toutes les sections de la société. Elle s'applique aussi à toute société nouvelle qui ne serait que la reconstitution de la société interdite.

Art. 7. — L'actif social, après la liquidation, doit être employé, sous réserve des droits particuliers des associés et des tiers, conformément aux statuts et aux dispositions de droit commun qui régissent les sociétés. La société est réputée dissoute dès le moment où l'interdiction est devenue définitive. Les réclamations contre les décisions des autorités doivent être adressées aux autorités supérieures de police. Dès que l'interdiction est prononcée, il est procédé à la saisie de la caisse et de tout ce qui appartient à la société. Lorsque l'interdiction sera devenue définitive, les autorités de police désigneront l'autorité administrative chargée de la nomination et de la surveillance des liquidateurs de la société. Les noms de ces derniers devront être publiés. Les décisions de l'autorité administrative tiennent lieu des décisions de l'assemblée générale.

Art. 8. — L'interdiction et la mise en surveillance doivent être motivées et signifiées par écrit au bureau de la société, s'il est établi sur le territoire de l'Empire. Le bureau peut se pourvoir contre la décision. Ce pourvoi doit être remis, dans les huit jours qui suivent la signification de l'ordonnance, aux autorités qui l'ont rendue. Il n'a pas d'effet suspensif.

Art. 9. — Les réunions dans lesquelles se manifestent des aspirations ayant pour objet le renversement de l'ordre politique ou social existant doivent être dissoutes. Celles qui peuvent être considérées comme ayant pour but de favoriser ces aspirations doivent être interdites. Les fêtes publiques et les processions sont assimilées aux réunions.

Art. 10. — La police a le droit d'interdire et de dissoudre les réunions. Il n'y a d'autre recours contre ces mesures que le pourvoi devant les autorités supérieures de police.

Art. 11. — Les publications dans lesquelles se manifestent d'une façon menaçante pour la paix publique, et en particulier pour l'union des diverses classes de la population, des aspirations démocratiques et sociales, socialistes ou communistes, ayant pour objet le

renversement de l'ordre politique ou social existant, seront interdites. Si la publication est périodique, l'interdiction prononcée, en
vertu de la présente loi, pour un numéro, pourra être étendue à
l'avenir.

Art. 12. — L'interdiction peut être prononcée par les autorités
de police de l'État, s'il s'agit de publications périodiques paraissant
à l'intérieur, et par les autorités de police du district dans lequel
se fait la publication.

Le chancelier seul peut interdire la circulation de publications
périodiques paraissant à l'étranger. L'interdiction doit être publiée
en la forme prévue dans l'article 6. Elle s'étend à tout le territoire
de l'Empire.

Art. 13. — L'interdiction prononcée par les autorités de police
doit être motivée et signifiée par écrit à l'imprimeur et à l'éditeur,
s'il s'agit d'une publication périodique, et à l'auteur, s'il s'agit
d'une publication non périodique, pourvu toutefois que ces diverses
personnes habitent le territoire de l'Empire. L'imprimeur, l'éditeur
et l'auteur peuvent se pourvoir contre la décision. Le pourvoi doit
être remis aux autorités qui ont rendu l'ordonnance dans les huit
jours qui suivent la signification de cette ordonnance.

Art. 14. — L'interdiction entraînera la saisie des écrits dans les
endroits où ils seront déposés pour être répandus. La saisie peut
s'étendre aux clichés et aux formes servant à la reproduction. Si les
écrits ne sont encore que composés, la destruction de la composition peut, sur la demande des intéressés, tenir lieu de la saisie.
Les imprimés, les clichés et les formes doivent être détruits dès
que l'interdiction est devenue définitive. Les réclamations contre
l'exécution de ces mesures doivent être adressées aux autorités supérieures de police.

Art. 15. — La police peut saisir provisoirement, même avant
qu'une interdiction ait été prononcée, les écrits de la nature de ceux
désignés dans l'article 11, ainsi que les clichés et les formes servant
à leur impression. Les objets saisis doivent être remis dans les
vingt-quatre heures aux autorités de police du pays qui doivent,
dans les huit jours, ordonner l'annulation de la saisie ou prononcer
l'interdiction. Passé ce délai, si l'interdiction n'a pas été prononcée,
la saisie est nulle et non avenue, et les clichés et les formes doivent
être restitués à leur propriétaire.

Art. 16. — La police interdira de provoquer ou de recueillir
des souscriptions destinées à favoriser les aspirations démocratiques
et sociales, socialistes ou communistes, ayant pour but le renversement de l'ordre politique ou social existant.

Art. 17. — Quiconque aura pris part à une association interdite, comme membre ou autrement, sera puni d'une amende de 500 marks (625 fr.) au plus, et de trois mois d'emprisonnement au plus. Quiconque aura pris part à une réunion interdite ou ne se sera pas éloigné aussitôt que la réunion aura été dissoute par la police, sera puni de la même peine. Seront punis d'un emprisonnement d'un mois à un an ceux qui auront pris part auxdites associations ou réunions en qualité de président, de directeur, d'organisateur, d'agent, d'orateur, ou de trésorier, ou qui auront invité à assister auxdites réunions.

Art. 18. — Quiconque aura fourni un local à une association ou pour une réunion interdite sera puni d'un emprisonnement d'un mois à un an.

Art. 19. — Quiconque aura distribué, vendu ou reproduit un écrit interdit ou frappé de saisie provisoire, sera puni d'une amende de 1,000 marks (1,250 fr.) au plus, ou d'un emprisonnement de six mois au plus.

Art. 20. — Quiconque aura contrevenu aux dispositions de l'article 16, sera puni d'une amende de 500 marks au plus, ou d'un emprisonnement de trois mois au plus. En outre le produit de la souscription ou une somme équivalente sera distribuée à la caisse des pauvres du lieu où la souscription aura été faite.

Art. 21. — Quiconque après la publication de l'ordonnance d'interdiction dans le *Staatsanzeiger*, aura contrevenu de bonne foi aux dispositions des articles 17 et 18, sera puni d'une amende de 150 marks au plus, ou de la peine de l'emprisonnement. Quiconque aura contrevenu, dans les mêmes conditions, à une ordonnance d'interdiction prononcée en vertu de l'article 16, sera puni de la même peine. Il sera fait, dans ce cas, application de la disposition finale du paragraphe précédent.

Art. 22. — A l'égard de ceux qui auront été condamnés à l'emprisonnement en vertu des articles 17 et 18, s'il est établi qu'ils faisaient habituellement de la propagande en faveur des aspirations prévues par le § 2 de l'article 1er, le jugement pourra ordonner qu'ils seront tenus de fixer leur résidence hors du lieu de leur domicile actuel. En vertu de ce jugement les autorités de police pourront interdire aux condamnés de résider dans certains districts ou dans certaines localités déterminés. Toutefois ces dispositions ne seront applicables qu'aux condamnés qui habitent depuis moins de six mois dans le lieu de leur résidence actuelle. Les étrangers peuvent être expulsés du territoire par les mêmes autorités. Les réclamations contre les mesures de police ne peuvent être adressées qu'aux autorités supérieures de police.

Les contraventions auxdites mesures de police seront punies d'un emprisonnement d'un mois à un an.

Art. 23. — Dans le cas prévu par l'article 22, l'exercice de leur profession pourra en outre être interdit, sans préjudice des autres peines, aux hôteliers, cabaretiers, débitants de liqueurs ou détaillants, imprimeurs, libraires et propriétaires de cabinets de lecture.

Art. 24. — En cas d'infraction à ladite interdiction, la peine sera de un mois à un an d'emprisonnement.

Art. 25. — En cas de bonne foi, et après la publication de l'interdiction, la peine sera de 1,000 marks et de six mois d'emprisonnement au plus.

Art. 26. — L'examen des pourvois formés dans les cas prévus par les articles 8 et 13 sera déféré à une commission.

Le Conseil fédéral nomme, pour faire partie de cette commission, quatre de ses membres, et en désigne cinq autres parmi les membres des plus hauts tribunaux de l'Empire et des États particuliers.

Les cinq derniers sont nommés pour toute la durée de la loi, à moins qu'ils ne cessent de faire partie de la magistrature.

L'Empereur nomme le président et le vice-président, en prenant ce dernier parmi les membres de la commission.

Art. 27. — [La commission est valablement constituée lorsque cinq de ses membres, dont trois magistrats au moins, sont présents. Les intéressés peuvent soutenir leur pourvoi oralement ou par écrit. La commission fixe elle-même son ordre du jour. Ses décisions sont sans appel.

La commission déterminera elle-même sa procédure par un règlement qui sera soumis à l'approbation du Conseil fédéral.]

Art. 28. — Dans les districts ou les localités dans lesquels la sûreté publique serait menacée par les aspirations prévues par le § 2 de l'article 1er, les autorités centrales des États confédérés pourront prendre, pour une durée d'un an, les mesures suivantes :

1° Subordonner l'exercice du droit de réunion à l'autorisation préalable de la police. Cette mesure ne pourra s'étendre aux réunions ayant pour but les élections au *Reichstag* ou aux *Landtags* particuliers;

2° Interdire la distribution d'imprimés sur les voies publiques, rues et places, et dans les autres lieux publics;

3° Interdire le séjour dans certains districts ou certaines localités aux personnes considérées comme pouvant mettre en danger la sûreté ou l'ordre public;

4° Interdire ou subordonner à certaines conditions restrictives la détention, le port, l'introduction et la vente des armes.

Il doit être immédiatement adressé au Reichstag un rapport sur toute ordonnance rendue en vertu des dispositions qui précèdent.

Les ordonnances rendues par le chancelier doivent être publiées dans la forme prescrite par les ordonnances de police.

Toute infraction à ces ordonnances ou aux règlements faits pour en assurer l'exécution sera punie d'une amende de 1,000 marks au plus ou d'un emprisonnement de six mois au plus (1).

Art. 29. — L'autorité centrale de chaque État confédéré fera connaître quels sont les fonctionnaires désignés par ces mots *autorités de police* et *police*.

Art. 30. — La présente loi sera applicable à partir du jour de sa promulgation et demeurera en vigueur jusqu'au 31 mars 1881.

(1) Cet article a été adopté avec deux amendements de M. Ackermann, conservateur, l'un portant que le gouvernement pourra prendre des mesures exceptionnelles, sans qu'on ait préalablement constaté un danger immédiat pour la sûreté publique; l'autre ayant pour but de retrancher la restriction en vertu de laquelle le gouvernement pourrait seulement interdire le séjour aux personnes suspectes, lorsqu'elles ne sont pas dans la localité où elles habitent. Ces amendements avaient été acceptés par le gouvernement.

Paris. — Imprimerie Arnous de Rivière, rue Racine, 26.

OUVRAGES DU MÊME AUTEUR :

LA LÉGISLATION DE L'ALGÉRIE, comprenant
l'organisation politique, administrative, départementale,
communale et judiciaire.

LA LÉGISLATION DE LA SUÈDE, comprenant le
droit public, l'organisation judiciaire et la législation
pénale.

LA LÉGISLATION SPÉCIALE DE LA CORSE.
Étude sur les arrêtés MIOT et leurs conséquences financières.

Paris, chez A. Cotillon et Cⁱᵉ.

Paris. — Imprimerie Arnous de Rivière, rue Racine